Castelo

# A FAVOR OU CONTRA

© Copyright, 2003, Castelo

Todos os direitos reservados.
Editora Claridade Ltda.
Rua Dionísio da Costa, 153
04117-110 - São Paulo – SP
Caixa Postal 12.994
04010-970 - São Paulo - SP
Fone/fax: (11) 5575.1809
E-mail: claridade@claridade.com.br
Site: www.claridade.com.br

Revisão: Rubens Nascimento
Ilustrações de miolo e capa: Murilo
Projeto gráfico de capa e miolo: Madu

ISBN 85-88386-16-X

Dados para Catalogação:

Castelo
Casamento: a favor ou contra

Disse Deus: "Não é bom que o homem esteja só: far-lhe-ei uma adjutora".

Gênesis

O casamento é melhor que a lepra, porque é mais fácil de se livrar.

W. C. Fields.

# Casamento: uma introdução nem a favor, nem contra, muito pelo contrário.

O casamento está entre as tradições mais antigas do mundo. Foi trazido até nós de rituais tão ancestrais que a sua origem remonta aos mitos da História.
Para se ter uma idéia da antigüidade, Dercy Gonçalves ainda não era nascida quando da sua invenção. Muito menos, Aracy de Almeida.
O curioso é que, diferentemente do vinho, o matrimônio parece piorar com o tempo.

Cada vez mais pessoas são contra ele e favoráveis ao divórcio, à gamofobia ou simplesmente à compra de uma bicicleta.
Em seus primórdios, a cerimônia era marcada pela união entre um homem e uma mulher.
Essa particularidade mudou muito na última década, principalmente porque o advogado se tornou muito mais importante que o oficial de justiça, o padre, o pastor e o rabino, todos juntos.
Outra mudança foi a de caráter. O casamento começou com um caráter religioso, em alguns casos mágico.
Em nossos dias, o caráter foi totalmente abolido do casamento.

Tataravós dos latinos, os romanos apresentavam vários tipos de união. Havia uma para a burguesia, assistida pelo Pontifex Maximus, na presença de testemunhas. Outra era praticada, principalmente na classe C, D e E, e consistia na oferta da noiva por parte dos seus tutores, ficando o noivo com a posse da mesma, assim como de todos os seus bens.

Hoje em dia, nada mudou. Basta abrir uma revista Caras. Assim como no Natal muita gente ainda insiste em acreditar em Papai Noel, o casamento católico até agora permanece indissolúvel.

## Você é a favor ou contra?

*As 5 Boas Razões para se Casar:*

*As 5 Boas Razões*

1. Na hora dos cumprimentos sempre chamam você de tio(a).
2. Quando você faz uma refeição há sempre um prato, um copo e dois talheres vazios na sua frente.
3. À noite, seus pés esfriam tanto que o condomínio do prédio está pensando em colocar uma caldeira em seu andar.
4. O psicanalista afirmou que seu complexo de Édipo (Electra) piorou e há grandes chances de você pedir sua(seu) mãe(pai) em casamento.
5. Seu gato morreu.

---

1. Uma festa de casamento de verdade custa o mesmo que um Porsche Boxer Turbo.
2. Fazer sexo com a mesma pessoa durante anos pode provocar Lesão Por Esforço Repetitivo.
3. Dividir o mesmo banheiro com outra pessoa é anti-biológico.
4. Acordar de manhã com o hálito de alguém diretamente voltado a seu nariz é considerado "ato vil" pela Organização das Nações Unidas.
5. Seu gato ainda não morreu.

# Exclusivo para homens

<< a favor >>

Você contará com alguém que cozinha
e faz o serviço de casa grátis.

<< contra >>

Nunca uma empregada doméstica
custou tão caro e se meteu tanto em
sua vida.

# Exclusivo para mulheres

<< a favor >>

Você vai ter alguém que pague todas as suas despesas e esse alguém ainda lhe dará um lar.

<< contra >>

O seu patrocinador vai roncar e babar em você todas as noites.

# A relação

<< a favor >>

No presente, você vai ter de lidar com sentimentos, o que sempre engrandece o espírito.

<< contra >>

No futuro, você vai ter de lidar com advogados, o que sempre diminui o patrimônio.

# A mitologia

<< a favor >>

Odin, conhecido deus nórdico, se casou muitas vezes durante toda a Eternidade.

<< contra >>

Minerva, deusa da Sabedoria, nunca se casou.

# As doenças

<< a favor >>

O casamento é um tipo de febre: leva você para a cama e faz delirar.

<< contra >>

O casamento é um tipo de malária: joga na cama e faz qualquer um ficar delirando feito um idiota.

#  amor

<< a favor >>

Duas pessoas podem muito bem se amar vivendo sob o mesmo teto.

<< contra >>

Duas pessoas podem muito bem se amar, desde que não estejam necessariamente casadas uma com a outra.

# A submissão x O feminismo

<< a favor >>

– Filha, para deixar o teu anel de casamento limpinho, lava-o três vezes por dia na água de enxagüar os pratos…

<< contra >>

– Filha, para deixar a cara de teu marido limpinha, lava-a na pia com bastante água de enxagüar os pratos…

# A matemática

<< a favor >>

O casamento une duas pessoas.

<< contra >>

O casamento subtrai uma pessoa da outra.

# O sexo - versão masculina

<< a favor >>

"Minha esposa é um conjunto de curvas que levanta uma reta".

<< contra >>

"Minha esposa é um conjunto de celulites que interceptam uma reta".

# O sexo - versão feminina

<< a favor >>

"Meu marido é um conjunto de bíceps que impulsiona minha bissetriz".

<< contra >>

"Meu marido é um conjunto de cervejas que não impulsiona a bissetriz de ninguém".

# O casamento em si

<< a favor >>

Todo mundo deveria se casar,
ao menos uma vez na vida.

<< contra >>

Só os sado-masoquistas deveriam se
casar, ao menos uma vez na vida.

# As relações

<< a favor >>

O casamento dignifica a relação.

<< contra >>

O casamento danifica a relação.

# Os lugares a freqüentar

<< a favor >>

Igrejas, bares para single, programas de auditório, playgrounds, academias, parques, clube de solteiros, festas de amigos encalhados.

<< contra >>

Clube das Mulheres e casas de massoterapia.

# A longevidade

<< a favor >>

A medicina garante que os homens casados vivem mais que os solteiros.

<< contra >>

Os casados garantem que o dia apenas parece mais longo.

# As férias ideais - sexo feminino

<< a favor >>

- Paris
- Disneylândia
- Provence

<< contra >>

- Grécia
- Cruzeiros marítimos
- Club Med

# As férias ideais - sexo masculino

<< a favor >>

- Paris
- Disneylândia
- Provence

<< contra >>

- Cuba ou Caribe
- Pacotes de turismo sexual no nordeste brasileiro.
- Amsterdam
- Club Med

# O contrato

<< a favor >>

Melhor é ter algo fixo.

<< contra >>

# As lembranças

<< a favor >>

A memória de um casamento fica gravada para sempre na memória.

<< contra >>

# A conta conjunta

## << a favor >>

Duas cabeças controlando o saldo bancário é sempre melhor que uma.

## << contra >>

Dois comandantes afundam um navio

# A vida sexual

<< a favor >>

Com a Aids rondando…

<< contra >>

O casamento é o túmulo do sexo

# O crescimento

<< a favor >>

O casamento é a última chance
de crescer na vida.

<< contra >>

Se, para crescer na vida, você precisa
abrir mão da liberdade,
não pense duas vezes: involua.

# A legalidade

<< a favor >>

O casamento é o único local que resta onde praticamente tudo é legal.

<< contra >>

Tudo que eu gosto é ilegal, é imoral ou engorda.

#  tempo

<< a favor >>

Em quinze anos, o patrimônio aumenta, os filhos crescem, o prestígio social evolui.

<< contra >>

Em quinze anos, ele vira uma poltrona reclinável que arrota e ela um cachorro que reclama.

# A porcentagem

<< a favor >>

O casamento é uma parceria meio a meio.

<< contra >>

Quem diz que o casamento é uma parceria meio a meio não conhece metade dele.

# Os pára-choques de caminhão

<< a favor >>

"Gosto tanto de mulher casada que vivo com a minha".

<< contra >>

"Se casamento fosse bom não precisava testemunha".

# Os provérbios

<< a favor >>

Casamento dá juízo.

<< contra >>

Casal feliz é o que vive separado.

# Os adesivos

<< a favor >>

Eu amo a minha esposa.

<< contra >>

# A fidelidade

<< a favor >>

Sem isso, melhor abrir uma empresa ou comprar uma bicicleta.

<< contra >>

A "pulada de cerca" é a única possibilidade de sexo no casamento

# Dos outros - clássica

<< a favor >>

Não existe relacionamento mais adorável, amável e agradável que um bom casamento (Martinho Lutero).

<< contra >>

O casamento põe fim a breves loucuras – sendo uma longa estupidez (Friedrich Nietzche).

# As crianças

<< a favor >>

As crianças são o tempero de um relacionamento.

<< contra >>

# A comunhão de bens

<< a favor >>

A madrinha solteirona de um dos nubentes bate as botas deixando sua gorda poupança (no bom sentido) para o casal. Aí fica belê pra todo mundo, pois não?

<< contra >>

Comunhão de bens?
Adeus Mercedes-Benz...

# A separação de bens

<< a favor >>

Você é a porção Zona Sul do casal.

<< contra >>

Você é a parte Zona Norte do casal.

# As definições

## << a favor >>

O casamento é um contrato entre duas pessoas de sexo diferente e pressupõe uma vontade mútua de constituir família numa plena comunhão de vida.

## << contra >>

O casamento é um distrato entre duas pessoas de sexo indiferente e pressupõe uma vontade mútua de se divorciar brevemente numa plena confusão de vida.

# As alianças

<< a favor >>

Ainda bem que hoje se usa apenas um metalzinho preso no anular.
Na Antigüidade, neguinho tinha de amarrar os pulsos e os tornozelos da pretendente.

<< contra >>

Aliança dá um fungo nojento no meio dos dedos. Aghh!!!

# O buquê

<< a favor >>

Desde que não seja o noivo que jogue, ok.

<< contra >>

Desde que seja o noivo que jogue, totalmente bêbado, acertando em cheio a careca do vigário, ok.

# As despesas

<< a favor >>

Dos convites à viagem de lua-de-mel, passando pela limpeza do salão após a sessão de vômitos do seu concunhado. Para todos os efeitos são despesas dos pais da noiva.

<< contra >>

Dos convites à viagem de lua-de-mel, passando pela limpeza do salão após a sessão de vômitos do seu concunhado. Os pais da noiva alegam inadimplência.

# 𝒪 casamento entre parentes

<< a favor >>

Se praticavam na Grécia Antiga
tinha algo de positivo.
Além do mais, com essa carestia,
nada como resolver o problema
domesticamente.

<< contra >>

Primos e pombos só servem
pra sujar a casa.

# Lua de mel

<< a favor >>

- Paris
- Veneza
- Viena
- Tahiti

<< contra >>

- Cubatão
- Niterói
- Curitiba
- Juiz de Fora
- Em domicílio

# A cerimônia

<< a favor >>

Nos tempos bicudos de hoje, uma boquinha livre - com comida e prosecco bancados pela família da noiva - não merecem desprezo.

<< contra >>

Se alguma coisa necessita de uma cerimônia para ser realizada é melhor não ser realizada.

# O casamento civil

<< a favor >>

Tudo vale à pena, desde que a festa não seja pequena.

<< contra >>

Já existe burocracia demais no mundo para mais proclamas, carimbos e firmas reconhecidas. Além do mais, a taxa do Cartório está pela hora da morte.

# O ciúme

<< a favor >>

O ciúme é o tempero do amor.

<< contra >>

O amor não é uma salada de rúcula

# A cerimônia religiosa

<< a favor >>

Vale pelo arroz, pelo atraso da noiva, pelo órgão desafinado, pela limusine alugada e pela fofoca pós-cerimônia.

<< contra >>

Pra que envolver Ele numa confusão dessas?

# A sogra

<< a favor >>

Faça-me o favor!

<< contra >>

# Na alegria e na tristeza

<< a favor >>

Do jeito que hoje tudo é efêmero e inseguro, nada como amarrar seu burro em algo mais duradouro que o logotipo da Maizena.

<< contra >>

O universo, como aquele grupo da Rita Lee, é mutante.

# Os quartos separados

<< a favor >>

Dizem que é, juntamente com o banheiro individual e o Viagra, a salvação da vida conjugal.

<< contra >>

Se for assim é melhor cada um ficar logo em sua casa e solteiros.

# O segundo casamento

<< a favor >>

Somos gregários, precisamos do outro.
Nem que seja para coçar nossas costas.

<< contra >>

Errar é humano. Errar duas vezes
é asnino.

# 𝒪 chá de cozinha

<< a favor >>

Vasilhas, baldes, panos-de-prato,
baixelas, passepartout,
sumiê, jogos americanos.
Quem não precisa disso?

<< contra >>

Vasilhas, baldes, panos-de-prato,
baixelas, passepartout,
sumiê, jogos americanos.
Quem precisa disso?

# 𝒪 chá de bar

<< a favor >>

Zuuuzo beeeeeem!

<< contra >>

Casamento é um tédio. Não beba antes dele, deixe para beber durante

# $\mathcal{O}$ texto do convite

<< a favor >>

José da Silva e Maria dos Anzóis têm a honra de convidá-lo para a cerimônia religiosa de seu casamento. Os noivos receberão os cumprimentos no Country Club, onde terá lugar a recepção.

<< contra >>

José da Silva e Maria dos Anzóis têm a honra de convidá-lo para a cerimônia religiosa de seu casamento. Os noivos receberão a contribuição dos convidados, em espécie, afinal ninguém sabe o dia de amanhã

# Os cães em vez de

<< a favor >>

É melhor comprar um cão do que se casar porque esse animal, além de ser o melhor amigo do ser humano, não reclama que a toalha está no chão ou que a mulher gastou demais no cabeleireiro.

<< contra >>

Alimentar um cão corretamente com ração balanceada, vitaminas, ossinhos de plástico e lhe dar banhos, cortes de pêlo e vacinação adequada pode sair mais caro do que certos casamentos

# As bicicletas em vez de

<< a favor >>

É melhor comprar uma bicicleta do que se casar porque você pode subir nela, se divertir muito e, no final, não precisa dizer "eu te amo".

<< contra >>

É melhor se casar do que comprar uma bicicleta porque a bicicleta não paga conta de restaurante, não abre porta de carro e não traz café da manhã na cama.

# As brigas

<< a favor >>

Não fique puto(a). Vá à luta!

<< contra >>

Como o casamento é a união de um surdo com uma cega, o melhor a fazer é não tomar conhecimento de nada.

# Os opostos

<< a favor >>

Os opostos se atraem.

<< contra >>

# O golpe do baú

<< a favor >>

O melhor negócio do mundo é um casamento que oferece sexo e dinheiro.

<< contra >>

Não se case por dinheiro; você pode conseguir emprestado mais barato.
(Provérbio Escocês)

# A terapia de casal

<< a favor >>

Opinião externa e canja de galinha nunca são demais.

<< contra >>

Só existe algo pior do que discutir a relação: discutir a relação a três.

# 𝒪 racionalismo

<< a favor >>

Penso, logo sou casado.

<< contra >>

# As comparações

## << a favor >>

O casamento é como um automóvel: no primeiro ano dá muitas alegrias.

## << contra >>

O casamento é como o ministério da previdência: a causa é boa, mas totalmente inadministrável

# O pau de macarrão

<< a favor >>

Bata no seu cônjuge.
Ele vai saber por que está apanhando.

<< contra >>

Não bata no seu cônjuge.
Ele pode gostar.

# A dor de cabeça

<< a favor >>

Enxaqueca na hora certa ainda é o melhor anticoncepcional.

<< contra >>

A enxaqueca é a metáfora do matrimônio mal-sucedido.

# O enganar-se

<< a favor >>

Casamento feliz é aquele onde duas pessoas sabem se enganar mutuamente por um longo período de tempo.

<< contra >>

Para se enganar basta comprar um título de capitalização ou entrar num consórcio.

# A solidão

<< a favor >>

A solidão duplica as possibilidades de uma pessoa adulta ficar doente ou morrer, melhor se casar.

<< contra >>

Melhor morrer sozinho que mal acompanhado.

# O machismo

<< a favor >>

Atrás de todo grande homem há sempre uma mulher.

<< contra >>

Atrás de todo machista há sempre um homem grande.

# O feminismo

## << a favor >>

Em cima, embaixo, atrás ou na frente de toda grande mulher há sempre alguém interessante.

## << contra >>

Atrás de toda feminista há sempre um grande machista.

# O compromisso

<< a favor >>

Amar é...fazer uma
única pessoa feliz - absolutamente.

<< contra >>

Por que insistir na mesma maçã todos os dias se posso comer jaboticaba num dia e goiaba no outro?

# A libido

<< a favor >>

Sem união, não há tesão.

<< contra >>

# 𝒪 advogado

<< a favor >>

Já era obrigatório. Agora, com o novo Código Civil, o ideal é se matricular na Faculdade de Direito.

<< contra >>

Não contrato advogado que me aceita como cliente.

# A amabilidade

<< a favor >>

Quem ama, cuida.

<< contra >>

O Ministério da Saúde adverte: ser amável todos os dias com a mesma pessoa afeta o miocárdio.

# A paciência

<< a favor >>

Basta um dedo paciente pra se chegar ao cu do convivente.

<< contra >>

Já dizia William Blake: "a maldição move, a benção relaxa".

# A birra

### << a favor >>

Um casamento sem birra é como um lago sem cisne.

### << contra >>

# O suicídio

<< a favor >>

Radical, mas ainda mais compensador do que passar o resto dos dias pedindo revisão de pensão.

<< contra >>

Quem se mata por um casamento não é um trágico, é um cômico.

# O casamento aberto

<< a favor >>

Na equação do casamento, dois é igual a zero. Logo, três, quatro, cinco - qualquer número é superior a dois.

<< contra >>

" Dois é melhor do que um, pois têm melhor paga."
(Eclesiastes).